JN418192

개굴이네 집

모아드림 기획시선 105

개굴이네 집

양현구 시집

모아드림

■ 自序

세상과 담을 쌓고 살던 나를 끄집어올려서 세상 구경을 시켜주는 게 고맙다. 물론 내가 세상과 담을 쌓았는지, 아니면 세상이 못난 나를 내친 것인지는 두고두고 따져볼 일이다. 나는 따지기를 좋아한다. 원망하기 위해서가 아니다. 그게 무엇인지를 알아야 하기 때문이다. 그러나 나는 말과 글로 무얼 따지는 것에는 굼뜨다. 속으로 가슴으로 아니 마음으로 그것을 꼼꼼하게 따진다.

그러면서, 세상이라는 것이 내 밖에 있지만 동시에 안에도 있다는 사실에 깜짝 놀란다. 내 속이 세상을 품을 만큼 큰 건가. 마음이 그 정도로 너그러운 건가. 그리고 그런 물음들이 아지랑이처럼 피어오른다. 그리고 비로소 마음이 오래도록 가물었지만 지금 봄맞이에 들뜬 논과 밭처럼 꿈틀댄다.

마음이 봄날의 논과 밭처럼 무수한 싹들에게 자리를 내어주듯이 겸허하게 받아들여야겠다는 다짐을 해본다. 문을 열면 봄이 지천이고, 마음이 아직은 경작이 가능한 논과 밭이다. 그것을 알게 해주고, 그런 기회를 열어준 분들께 감사드린다.

차 례

제2부

제3부

■ 해설

제1부

갈대에게

너를 보내는 마음 삭힐 길 없어
가슴을 간다
네 희망이 날리는 강변
네 살점이 나붙은 철조망
바람이 불면
너는 무수한 깃발이다

오늘은 너를 기려
불을 지른다 山이며 들이며
우리의 오랜 江을 태우는
우리의 오랜 말더듬을 태우는
불을 지른다

산

얼음 위로 튀어나온
자갈들을 골라 밟으며 걸었다
헛것에 기대어 살았다는
이 혼란을 싸들고 오르는 산
목이 붓고 발가락 사이로
자근자근한 얼음이 배어 나왔다

때로 퀭한 눈으로 저편을 보기도 하지만
아직 앞서간 사람의 자취는 없다
누구로부터 떠나왔는지 알 수 없는 계곡에서
귀밑을 파고드는 바람이 불었다
어느 핸가 이곳에선 총성이 들렸고
어느 해에는 무덤이 또 몇 개 생겨났다

누구를 위해 산이 있는 것은 아닐 테지만
산을 오르다보면
자욱한 눈송이 사이로 염주알같이 묶여가는
한 떼의 사람들과 총 끝이 어른거렸다

잠시의 시작과 끝이
이처럼 정연한 곳에서
산은 자기의 몸 안으로 숨어드는 사람과
사냥을 오는 사람과 떠나는 사람을 품었다

악몽 1

그의 아버지는 1928년 생이다 3세 때 아버지를 잃고, 6세 때 어머니를 잃었다 친척집과 남의 집을 돌아다니며 동냥아치로 자랐다 그리고 6 · 25직전 군대에 갔다 굶주림을 모면할 생각에서였다고 한다 간단한 유격 훈련과 사격 훈련을 익힌 상태에서 6 · 25를 맞았다 6 · 25 기간 동안 숱한 전투를 치렀다 그리고 고아라는 신분에 걸맞는 부대에 차출됐다 적진에 침투해서 적군을 교살하거나 진지를 파괴하는 임무가 주어진 부대였다 그의 아버지에게 죽음은 밥을 먹는 것과 크게 다르지 않았다 필요에 따라서는 동료의 목을 따기도 했다 적진에 침투하면서 동작이 굼뜨거나 작전 능력이 떨어지는 동료는 적보다 더 위험한 적이었기 때문에 그럴 경우 가차없이 그 동료의 목을 대검으로 땄다 모든 공격은 신속하게 이뤄졌다 비명도 발버둥도 허용하지 않는 완벽한 공격이 기술이었다 그게 적이든 아군이든 상관을 하지 않았다 전쟁에서 살아남기 위해서는 "자신 말고 그 누구도 믿지 말라"를 골수에 새겨야 했다

3~5명으로 구성된 그 분대는 민간인들에 대해서도 그 원칙을 고수했다 윤간과 약탈 그리고 살해, 윤간당한 여자를, 분대가 이동하는 것을 목격한 민간인들을 살려두는 것은 옳지 않았다 어린아이든 노인이든 가리지 않았다 살해한 민간인이 20명이 넘는다고, 사살하거나 교살한 적군도 대략 그 정도는 된다고 어린 그에게 자랑삼곤 했다고 한다 산등성이에 있는 적군의 참호를 공격하다가 중상을 입고 부산 군 병원으로 긴급 호송됐다 전시에 헬기를 동원해서 후방으로 중상자를 호송하는 일이 거의 없던 때, 웬만하면 그냥 뒈지게 내버려두는 게 당시로는 상식이었던 걸로 미루어 꽤 모범적인 군인으로 인정받았던 것 같다

상이군인들의 행패는 동네를 늘 불안하게 했다 아무도 그들의 횡포를 막을 수 없었다 그의 아버지가 그 깡패들의 대갈빡이 되었다 동네 어른들도 무자게 얻어맞았다 먹을 것도 넉넉하지 않고 살기도 빡빡한 그 시절에 원호청이 생기고 그들이 '원호대상자' 가 되어 정부 지원

을 받기 시작한 것도 그 무렵이었다 자판기 판권, 열차에서의 물건 장사, 부동산업 등에 개입하면서 그들이 돈맛을 보기 시작한 것도, 멸공만이 살 길이라는 구호를 헌 칼 내두르듯 했던 것도 그 무렵부터였다 그들에게 이 세상에 대한 두려움이나 양심의 가책 같은 건 없었다

일제 때 완장을 차고 설쳤던 조선인들과 아버지는 결국 같은 종자였다고, 동냥아치 시절에, 아니 전쟁 때라도 세상은 아버지를 뒈져버리게 내버려뒀어야 했다고, 그랬더라면 그와 그 엄니의 생이 훨씬 편했을 거라고, 그러고 보면 살아있다는 게 그냥 웬수인 사람이 이 세상에는 무쟈게 많은갑다고, 짜증이 날 정도로 명이 긴 사람들이 이 세상에는 너무 많은갑다고 그는 술만 취하면 혼자 궁시렁거리곤 했다

악몽 2

팔이 뒤로 묶인 남자들과 어디선가 본 것도 같은 여자 하나가 끌려가고 있다 오리나무와 소나무 그리고 상수리나무가 차지한 크지 않은 산기슭, 몇몇의 민가와 관공서로 보이는 2층 건물, 조그만 구멍가게와 교회당과 넓지 않은 신작로가 태평스럽게 널려 있고 논에는 누런 벼이삭이 바람에 일렁이고 있다

평화는 산 아래에만 고여 있는 듯했다 삭정이를 밟아 부러지는 소리 가랑잎 밟는 소리가 더욱 크게 들렸다 아무도 입을 벌려 말을 하지 않았다 이 긴 침묵의 행렬은 그리 오래가지 않아 조그만 공지에 멈췄다 어른 몸통만한 소나무에 각각 남자들과 여자가 팔을 뒤로하여 묶였다

나무 패는 도끼를 든 국방군들이 천천히 그네들 앞으로 다가섰다 이내 나무에 묶인 그네들의 얼굴이 땅바닥에 나뒹굴었다 산 아래의 고요를 이제 산도 갖게 된 것이었다

봄나들이

승강장 한쪽에 붙은 원 · 투룸 임대 쪽지를 한참 바라본다. 나이 마흔 다섯에 아내와 아이들을 끌고 피난살이처럼 살 방도를 찾고 있다 보증금 300 월 25만, 신통치 않다 담뱃값도 만만찮고 할 일 없이 왔다 갔다 하는 차비도 만만찮은 요즈음… 봄은 봄인가베? 아내는 햇살이 참 따숩다고 좋아한다 방2 거실 주방 따로 기름보일러 큰방2 목욕탕 거실 침대제공(줏어온 거 아님) 사글세 됨 주인이 직접 상담, 즉시 입주 가능, 도시가스 심야보일러 설치 2층 독채 햇볕 잘 듦

자기야 애들 데리고 산에 한번 갈까, 골목 어귀를 지나면서 아내가 팔짱을 낀다 단정하게 정리된 남의 집 마당을 담 너머로 보면서 며칠 지나면 꽃도 미친 듯이 피겠다 아내가 웃는다

귀향

아프다는 핑계를 대고 누운 시골집
일들 나가고 남의 집도 우리 집도 텅 비어 있을 때
식은 보리밥처럼 쉬어터진 열무김치처럼
이부자리 둘둘 말아 개고 늦은 아침을 덜어 먹을 때
돌담에 쏟아지는 누런 햇살이 왜 그토록 달고 속상한가

일부러 우는 매미
날갯짓이 작아도 웬만치 성가신 파리 떼
저린 장딴지를 챙겨서 잠깐 둘러보는 신작로에
배 뒤집고 죽은 무당개구리 새끼가
왜, 태양처럼 눈을 깜빡이지 않고
왜, 붉은 눈을 뜨고만 있는가

꽃들

무엇인가가 땅 밑에서 땅 위로 밀어올린다 그리고 무엇인가가 올라온 줄기에서 잎을 밀어내고 꽃을 밀어내고 열매를 밀어낸다 무엇인가가 절기와 계절을 밀어내고 바람과 비를 밀어낸다 무엇인가가 멈추지 않고 무엇을 무엇과 무엇을 짜내듯 밀어올린다 그리고 바람이 깊어져서 하늘이 되었다

겨울 저수지

시린 겨울 하늘을 올려다보다가
소스라치게 놀란 것은 그것이
저수지처럼 고요해서는 아니리
아무것도 거기서 살아서는 돌아오지 않을 것 같은
아무것도 애쓰고 징징거리지 않을 것 같은

어느 한순간에
갑자기 멎어버린 우리 엄니 꿈처럼
조잡하게 치장한 내 시대처럼, 내 시대의
창피하고 시끌벅적한 싸구려 관상처럼
달싹달싹 얼어붙어서는 아니리

가을철 모처럼 일요일

아이들이 자전거를 타러 간다 나뭇잎이 와르르르 떨어진다 지금 몇 시야, 낮잠에서 굴러떨어진 아내가 눈을 비빈다 더 보고 말 것도 없는 연속극처럼 우리의 뻔한 일요일 그러고 보니 오늘은 다음 일요일하고 가장 멀리 있는 일요일이다

거제도

횟집은 이 층짜리 목조건물 전부를 빌려 쓰고 있다 때 낀 앞치마로 횟감을 나르는 두툼한 엉덩이에서 커피 한 잔을 얻어먹자고 건네오던 다방 여자의 웃음기가 떠올랐다 수은막이 벗겨져 검게 뜬 거울 앞을 걸어 나오던 바다가 가물게 웃고 젓가락을 뽀개다 문득 마주친 태양이 훅 달려들기도 하고 접시 바닥에 늘어붙어 떼어지지 않는 낙지의 전단을 떼어내면서 드디어 왔구나 싶어지는 섬

입산

비 그치고 바람 한 점 없이 머쓱해진 산중, 비를 피해서 숨어 있을 새 한 마리도 날지 않는, 굴참나무와 고로쇠나무가 섞여 있는 좁은 계곡 입구를 바라본다 수액을 채취하려고 나무에 구멍을 뚫고 거기에 고무호스를 박아서 연결해놓았다 먹으면 그것이 어디에 어떻게 좋다고 신문과 잡지에서 본 적이 있는, 비닐봉지에 흘러내려 모인 그 수액을 훔쳐 먹으면서도 고로쇠나무 몸통에 박힌 고무호스가 눈에 거슬린다

일시에 소리가 멎은 산중, 잡다한 생각이 잦아들고 대신 소리에 대해 신경이 예민해진다 누구를 기다리거나 두려움 때문은 아니다 찬물에 몸을 담글 때처럼 머릿속이 또렷해지고 환해진다 혼자서 하는 산행은 일종의 수행 같다 산을 알아갈수록 산과 대면하는 것이 어색해지는 만큼 그 긴장도 즐길 만하고 요즈음 같은 세상을 건들건들 숨쉬고 사는 일이 부끄럽고 염치없어 비 그치고 바람 한 점 없이 머쓱해진 산중

빨래

머리를 흔든다 가끔 아픈 머리를 그 속에 든 골을 꺼내서 하이타이 물에 빨고 싶어진다 쓰라린 속, 간 창자 염통 쓸개를 꺼내 세숫대야에 하이타이 물을 잔뜩 풀어놓고 빨고 싶다 빨고 싶다는 말이 노골적으로 구강 씹을 상징하듯이 하이타이물이 21세기 여자를 상징하듯이 흐르지 않는 물에 흘러다니는 장기들을 빡빡 문지르며 빨고 싶다

개굴이네 집

수백 년은 더 되었다고 어른들은 입을 모은다 마을에서 제일 큰 돌목산 아래 점자네 콩밭 가, 어른들이 아이였을 적에도 수백 년 전부터 거기 있었다고 귀에 못이 박히게 들어온 우물은 돌목산이 크게 벌린 입 안일까 입 밖일까

점자네 콩밭 콩대를 모두 뽑아다 타작을 한다 멍석을 깔지 않고 타작을 하는 탓에 맨땅에 콩알이 박히기도 한다. 박힌 콩알을 파내면 콩의 몸도장이 남고, 누가 우물 자리로 뛰어내린 것은 아닐까 수백 년 전에 누가 발을 헛디뎌 그 자리로 꺼져 들어간 것은 아닐까 돌목산의 목구멍도 후장도 아닌 이곳이 어떤 선지자가 있어 마당에 박히는 콩처럼 미리 자기 몸을 박아놓은 그 자리가 아닐까 그렇지 않고서야 물맛이 그렇게 맹하고 시원할 수는 없을 테다

무슨 슬픔 무슨 추억 그 무슨 그리움이라고 되뇌는 유행이 한참 지나간 궁색한 생각들, 버짐같이 뽀얀 흙먼지, 대간하게 헉헉대는 구멍 안과 구멍 근방의 모락모락

한 김들, 발음 안에서 ㄹ 받침이 잇달아 탈락하는 나이든 사람들, 논두렁을 건너뛰다가 발에 밟혀 죽는 개구리들, 아버지가 술안주로 구워먹는 꽃뱀, 독 안에서 울궈지는 땡감들, 끼니를 거르고 새까맣게 때가 절은 양은 밥그릇을 성가시게 핥고 물어뜯는 개새끼들, 뙤약볕이 마당 한 가운데 말뚝처럼 자꾸 꽂히고 있다 언젠가는 비가 비난이라도 하듯이 마당에 퍼붓기도 했다 마루 오른쪽에 걸어놓은 나이든 거울은 나를 힐난하듯 곁눈질로 바라본다 늙은 부모가 내 속을 훤하게 꿰뚫을 때 꿰뚫리는 속이 어찌나 후련하던지 꼭 그러한 속셈으로 거울이 마루 오른편에 떡하니 걸려 있다 뙤약볕은 아무래도 마주보기가 캥겼다 어째서 시골의 뙤약볕은 유난히도 날이 서서 번뜩거리고 있을까

땡볕이 가라앉으면 그때나 다녀올 길을 그만 나선다 텅 비고 없는 집들과 밟는 사람이 없어서 풀들이 어슬렁거리는 길을 더듬는다 사는 것도 어떤 하루도 뭐 특별하기야 하겠냐 궁시렁대면서 길이 이어지고 또 갈라지고

모이는 그런 곳에 오목하게 우물은 자리를 잡고 있다 물을 퍼먹든 퍼가든 게서 멱을 감든 이끼가 무성하게 끼어 있어서 다소 나이 들어 보이기는 해도 물맛 만큼은 여전하다 그러한 날 우물은 산이 꿈벅거리기에도 지쳐 뜨고 자는 눈구멍일까 아니면 누가 감겨주기를 기다리는 이미 바라보지 않는 한쪽 눈일까 아니면, 아니면,

알을 낳는 구멍과 똥을 싸는 구멍이 같다 신기하게도 조류는 똥을 싸듯이 새끼를 낳는다 넌 힘들어지면 공연한 것에 집착하더라 그게 편한가 보지 어쨌든 싸는 거니까 싸는 거겠지 어떻게 설명하더라도 구멍은 하나다 퍼내도 퍼내도 남아 있어야 했던, 하마터면 강이 될 뻔한 구멍 앞에서 무딘 작두를 간다 소가 큰 눈을 뜨고 바라본다 꽹과리 두드리는 소리에 가뭄 타는 밭머리 보리이삭이 사각인다

쾌변

풀밭에 아무렇게나 앉아 일을 본다 명아주 잎이 벌고 있고 그냥저냥 따순 5월이 질펀하고 설사기 때문에 찝찝하지만 쾌감이 아예 없지 않고 발에 짓눌린 쑥대공과 변 냄새가 섞여서 독특하고 고약하다 그래도 5월의 명아주 잎은 명료하고 오이순처럼 말갛다

봄
— 부산 완월동

총각님이요
꽃밭에 물 좀 주고 가이소
꽃밭이 물을 굶어서 배배틀렸소
바쁘더라도 물 쪼까 주고 가이소

꽃들의 속도

장미는 시속 160km로 달리며 깜빡이를 넣었다 경유를 때는 매화가 시속 120km로 킁킁거리며 그 뒤를 따라갔다 남의 속도 모르면서 아침에 경자가 문자를 보내왔다 오빠 뭐 해 나 오늘 한가하다 부친사망 급 귀가 연락요망 형제들에게 나도 서둘러 문자를 보냈다 경자가 연속으로 문자를 보내왔다 나 진짜 한가하거든 그리고 벌써 젖었거든 더 세게 수신거부 선택 후 통화버튼을 눌렀다 방금 거신 전화는 없는 전화번호이오니 확인하여 주시고, 다시 전화번호를 114에 물으면서 사방에 전화를 걸면서 나도 그녀들처럼 홀딱 젖었다

내 몫의 하루

나무가 풀만 해지려면 내가 너만 해지려면 얼마나 뉘우쳐야 하나, 득도하고 나서도 하는 짓들 보니까 깨닫는다는 건 말짱 다 헛것이데 내가 너만 해지려면 무얼 알려면 얼마나 잠을 뒤척여야 할까 내가 너만 해지려면 풀아, 대체 얼마나 깊게 얼마나 꾹꾹 눌러 짜내야 할까

아이, 1980년

총싸움하러 가자 아이 하나가 골목 어귀를 어슬렁거리며 떠들어 댄다 얘 너 그러다 대가리에 총알 맞는다 겁을 줄 요량으로 을러메는 나를 아이는 M60 탄피 같은 눈으로 쏘아 본다 내가 먼저 쏘지 뭐 네 건 M1인데 기관단총으로 드르륵 갈기면 넌 끝이야, 사나운 나라 골목에서 태어나 고작 배운 것이 총싸움이나 칼싸움하는 아이를 상대하다가 문득 아이의 설움이 내 설움은 아닌가 생각해 본다 플라스틱 총을 꿰차고 골목을 어슬렁거리는 80년대식 아이를 보며 나는 왜 지서 앞에서 골통이 부서진 아이의 눈빛을 떠올리는 것일까 너 몇 살이지, 여덟 살, 사람 죽이는 거 재미있니?

겨울 여행

조국을 위해 입당했으나
아무것도 한 일이 없다
숨 끊어진 내 몸뚱아리 이곳에 묻고
그 위에 잣나무나 한 그루 심어 달라
(어느 사회주의자의 자살, 한겨레신문 1990. 11. 25.)

11월의 노을 저편으로
새 한 마리 퍼드득 날아오른다

페레스트로이카

차우체스쿠가 죽은 다음날 친구는 고스톱 판에서 딴 2만 원으로 실컷 푸자고 성화다 생일날 집 2층 골방에서 시작한 그날의 술자리는 슬펐다 60년대처럼 살아갈 수 있었음 좋겠다는 친구의 오입 얘기에서 나는 왜 새 떼를 생각했는지 사랑? 싱거운 소리하지 마 독일 공산당이 끝장나던 날 원고를 팔아서 만든 돈으로 몽땅 마셔버리자는 새 떼들의 성화가 줄을 잇는다

그 개막사犬幕舍

가평군 검봉산 자락 수락계곡, 후배가 그곳에서 개 닭 오리 토끼를 키운다 그가 하는 것은 축산이 아닌 가든이다 휴가철에 찾아온 손님들에게 잠잘 곳과 음식을 제공한다 그렇게 손님들에게 음식으로 제공하기 위해서 개와 닭 등을 키운다

그는 산비탈을 넓게 차지하고 울타리를 쳐서 그것을 개막으로 대신한다 닭과 오리는 울타리 밖에 있다 개들이 수시로 닭과 오리를 잡아먹기 때문이다 좁은 개집에 가둬서 기르면 고기가 맛이 없다고 하여 그가 선택한 방법이다 내가 한 달 가까이 그곳에서 지낼 무렵 개막에는 21마리의 개가 있었다 인근 군부대 중대장이 선물로 준 진돗개 1마리, 세퍼트와 똥개의 교배종 5마리, 발발이 4마리, 똥개 10마리가 그 울타리 안에 살았고, 한 마리는 울타리 밖에서 키웠다

울타리 안에 있는 개들 중에서 관심을 끄는 개는 중대장에게서 선물로 받은 개다 후배는 다른 개들이 시끄럽

게 짖어대면 몽둥이로 그 진돗개를 두들겨 팼다 그리고 울타리 밖으로 다른 개가 탈출을 시도할 경우에도 진돗개에게 몽둥이질을 했다 나는 그 이유가 궁금했다 어느 날 넌지시 왜 진돗개를 못살게 구는 거냐고 내가 묻자 후배는 "개새끼들도 대빡이 있거든요 그리고 저희끼리도 누가 품종이 좋은지를 알고 있어요 그래서 개들을 한 번에 다스리려면 개들 중에서 제일 대빡스러운 놈을 패야 쉬워요 품종도 지그들보다 낫고 쌈도 잘하는 진돗개를 막 패대면 나머지는 팍 쫄거든요 진돗개 한 마리만 패면 효과가 딱 오지요" 후배의 설명을 듣고 난 뒤에 개막과 개들을 다루는 주인의 전략이 정말 효과가 있는지를 생각하면서 보게 됐다 그의 전략이 얼추 맞는 듯했다

울타리 밖에서 따로 키우는 개는 울타리 안에서 키우는 개들보다 순했다 그리고 사람을 잘 따랐다 후배는 그 이유를 복실이(울타리 밖에서 먹이는 개)가 다른 개들을 잡는 것을 많이 보아서라고 했다 언제든지 자기도 그렇게 당할지 모른다고 생각하는 모양이라고 했다 아닌 게

아니라 복실이는 사람 앞에서는 늘 온몸을 낮춘다 특히 후배 앞에서는 겸손한 태도가 왕 앞에 쭈그리고 앉은 조선시대 벼슬아치들처럼 가련할 정도다

어느 날 아침, 후배가 자고 있는 나를 깨웠다 얼른 나와 보라는 거다 그는 마당 한 켠에 있는 감나무 밑으로 진돗개를 끌고 왔다 목에는 굵은 밧줄이 걸려 있고 사태를 눈치 챘는지 진돗개의 눈에 불안한 기색이 역력했다 왜 그 거를 잡냐고 물을 사이도 없이 그는 진돗개를 감나무에 매달았다 진돗개는 닥치는 죽음에 저항하려 했다 자기를 죽이는 주인이 아니라 자기에게 갑자기 닥쳐오는 죽음에 저항했다 15분 이상 숨이 끊어지지 않는 개의 정수리를 후배가 도끼로 내리찍었다 도끼로 내려치면서 빤히 쳐다보는 개에게 후배는 "힘들지? 그러니 어서 가거라"라고 위로하는 것을 잊지 않았다 복실이는 멀지 않은 곳에서 그 장면을 훔쳐보고 있었다 "이놈을 잡은 것을 저 개새끼들도 다 알아요 며칠 간 끽 소리도 않죠 시간이 지나면 저그들 중에서 다시 대빡이 정해져요

지들 나름대로 그런 식으로 질서를 만들죠 이놈은 제가 자기를 이렇게 빨리 잡을 줄은 몰랐을 테죠 얻어맞으면서도 자기를 대장으로 인정해 주는 것을 알았을 테니… 그래서 견딘 거죠 개들도 키워보면 재미있어요." 개털을 끄시르면서 후배는 개막사 얘기를 길게 늘어놓았다

몸에 병이 들어 마음도 덩달아 위축돼서 그랬는지, 그의 얘기를 들으면서 그리고 그 후로도 후배가 개막사와 개들을 다루는 것을 보면서 자주 울적해졌다 본래 계획은 그곳에서 서너 달쯤 요양을 할 요량이었지만, 한 달을 못 채우고 가든을 떠났다 떠나온 후에도 오랫동안 그 개막사는 대한민국 현대사와 함께 끔찍한 악몽처럼 내 머릿속에 자주 씹히곤 했다

제2부

농어를 위하여

농어는 바다 고기다 살아있는 농어를 고무 다라에 처넣고 한쪽에서는 상추와 들깻잎을 준비한다 항상 무얼 해도 줄거리가 없는 김씨가 잘 안 드는 부엌칼을 들고 와서 농어를 산 채로 먹기 좋게 회를 뜬다 눈을 껌뻑이지만 그가 본 것은 금세 삭제될 것이다 그가 본 것들은 바로 삭제될 것이므로 우리는 별 생각 없이 쫄깃쫄깃한 그의 살을 먹는다 아무것도 아닌 바다 좆도 뭣도 아닌 바다 왜 그러는지 모르지만 술만 마시면 한사코 욕부터 해대는 김씨 그가 틈만 나면 왜 농어의 고향을 탓하는지 알 수 없지만 농어는 바다 고기다 바다가 얼마나 큰지 또 바다가 얼마나 푸른 살기를 머금고 있는지 그거야 내 탓이 아니다 나는 김씨가 떠주는 농어를 그냥 먹는다

간척지

이제 힘이 부친 국제 협약의 희생자들처럼 거의 모든 채소는 꽃을 피우려고 시도하다가 그 희망을 빼앗긴 꽃의 전생이었다 무슨 일이 아무도 모르게 일어난 모양이다 주인도 없고 모두들 잠시 머물다 갈 것이므로 지나는 길에 그냥 서성거리는 중이므로 텅 빈 지표면 하늘 먼데서 바라보면 모든 강들은 혼자 견디기에는 너무 큰 상처다 강을 건너간 지표면의 다른 어떤 곳에서도 채소는 결코 관상용으로 재배하는 식물이 아니다 사람은 사육할 만한 가축이 아니다

부안 직행버스 터미널 앞
— 횟집에 앉아서 별을 보다

머쓱한 얼굴 표정에 어울리게 하려는 생각으로 그가 먼저 왼팔을 들어 뒷머리를 긁는 시늉을 했다 나는 그 바람에 들어올리려던 내 왼손을 도로 원래 있던 자리에 곰곰 생각하면서 원래대로 가져다 놓으려고 애썼다 그가 내 생각의 한 자락이라도 눈치 채는 것이 나는 불편했다

고향이… 참, 충청도라 했지요… 거긴… 회를 시켰으므로 거기에 덤으로 딸려 나오는 값싸고 푸짐한 밑반찬과 여러 종류의 해산물이 뜨거운 물속에서 실컷 시달린 다음에 접시에 담겨 나왔다 어느 바다를 겁 없이 쏘다니던 놈들일까 이번엔 내가 그보다 빨랐다 젓가락 몸통 부근의 무늬가 같은 짝을 찾아서 숟가락과 함께 그의 앞에 차렷 자세로 눕혀주었다 시킨 회가 나온 후에노 몇 빈 그가 나보다 빨리 내 다음 동작을 앞지를 뻔했지만 나는 그것을 허용하지 않았다 한 잔 더 하시지요 그가 횟감이 된 물고기의 어떤 부위를 젓가락으로 집어들 때 나는 그의 젓가락질보다 빨리 술병을 낚아챘다 저물도록 채석

강 앞 바다는 물이 차오르지 않았다

무딘 쇠스랑 날 같은 바람이 바다였던 뻘 바닥을 하릴없이 이리저리 쓸고 다녔다 바람이 무얼 기다리면서 서성거릴 때 아주 먼 이 땅이 끝나면서 몸서리친 굽고 접힌 습곡들 밖에서 무엇인가가 수중 모터를 틀어놓은 것처럼 부릉거리며 이쪽으로 달려드는 소리가 들릴 때, 할머니가 무엇이든 잔뜩 묶어서 보내던 새마을 보자기, 빨래집게로 양쪽을 두 번 찝어서 장대 높이로 널어서 펄럭거리는 그 보자기 같은 하늘에 좁쌀만 한 별이 하나 둘 떴다 아니 누가 송곳으로 보자기를 뜨문뜨문 뚫고 있다

금강 하구에 다녀와서

물끄러미 바라봤지요 무엇을 보았는지 통 기억이 없어요 푸를 것은 다 푸르고 누럴 것은 다 누리끼리 하데요 사람 얘기는 떠올리고 싶지 않아요 가끔 거기 늘어붙어 사는 것 같기는 하던데… 아무 생각도 없는 눈구멍 속에 눈알이 없는 눈이 태반이었어요 사람보다는 사람이 버린 것이 더 많았지요 그래서 그 부근에 큰 산이 씨가 마른 거고 하수구가 거기다 밑을 들이밀었나 봐요

겨울 서해안

서해안은 동해안보다 뻘이 많아서
물에 소금기도 많은가 보다
무언가를 무턱대고 기다리는
덕지덕지 붙어 있는 빈집도 많다

웃어본 지가 오래된 담배 가게 겸 술집에서
따라줄 사람도 없는 술을 홀짝거리며 늙은 여자는
한사코 아직도 월경이 끝나지 않았다고
자기의 인생 철학을 찐하게 주장했다

왜 내가 내 몸뚱이에다가
오목하고 잘 빨지도 않은 서해안을 걸쳐 놓았던고
서해안은 동해안보다 해안선이 훨씬 길다
나가고 들어오는 길이 그렇게 멀고 꼬불꼬불한 탓에
서해안에서는 사람도 계절도 굼뜨고 징그럽게 더뎠다

남해안 괭이 갈매기 떼

뿌듯하다 새는 배가 고파서야
배고픈 식구들이 수북하게 열릴수록
훨씬 잘 날고 날갯짓이 한결 뿌듯하다
배가 홀쭉해진 뒤 보란 듯이
뿌듯하고 유연한 비행

새의 비행은
그것이 마지막일지 모르는
비탈길로 쏟아져 내리는 것이다
덥고 바쁜 날 불현듯 치루는
민방위 훈련하고는 질이 다르다

부산 충무동

해삼 멍게를 썰어내고 밥그릇에 소주를 따라준다
너무 두꺼운 화장발이 원래 표정을 가려두었지만
생선 찌꺼기와 바다 비린내에 찌든 옷가지 사이로
어쩔 수 없는 자기의 나이와 연민이 고스란히 남아 있다
죽지 못해 산다는 엄살도 화장발처럼 그 안에다
자식과 서방을 묻고 아나고 먹고 한 번 하까?
아무리 헤퍼보여도 그 밑을 다 보기는 어렵다

태풍이 남부 서해안을 거쳐 동해안으로 빠져 나간 뒤

"포항제철 본사를 무력으로 점거했던 포항 지역 건설 노조가 자진 해산" "지도부에 대한 불신이 가장 큰 원인으로 지적되고, 검찰관계자는 상당수 노조원들을 구속할 뜻을 내비쳐"라고 신문들은 기사를 썼다

덜 익은 옥수수가 콩밭 가에 두세 줄 빙 둘러 있다 밤사이 장대비가 쏟아졌고 바람이 모처럼 성질을 부렸다 웬만치 익으면 삶아서 맛 좀 보려던 옥수수가 대공째 콩밭 바닥에 드러누웠다 그래도 성한 놈은 더러 세우고 대공이 아예 부러진 놈은 낫으로 베었다 그런다고 해도 서운한 마음이야 떨치지 못하지만 무얼 원망한다고 해서 될 일도 아니지 싶었다 다시 드문드문 서 있는 옥수수를 먼발치로 물러나서 쳐다보았다 남은 옥수수라도 여물면 있는 애들이라도 맛보여야지 하면서 낫자루를 땅바닥에 떨어뜨리지 않으려고 바싹 손아귀를 다물면서 무언가 속에서 아주 썰렁하게 빠져 나간 뒤 입술을 지그시 깨물었다가 오무리며 천천히 걸음을 뗐다

바다를 찾아

길을 잘못 들어 농수로를 따라 난 농로와
간척 공사 기간 동안 쓰다가 버린 도로를 헤매다가
갈매기가 보였으니까 틀림없이 바다가 곧 있을 거라는
그의 판단이 맞기를 바랐다 시치미를 떼고 있어도
배고프고 오줌까지 마려운 것이 고역이었다

바다는 호락호락하게 자기 몸을 드러내놓지 않았지만
우리는 길가에 차를 세우고 일목요연하게 드러내놓고
(중요한 것을 가장 먼저 대피시키기 위해 고안된 탈출용 지퍼를 내리고 속옷 가운데 뚫어놓은 구멍에서 예의 크드막한 해바라기 다마를 구석구석 꾸겨 넣은 각기 다른 연장들을 하나씩 끄집어내 움켜쥐고) 깔겼다

좆만한 새끼 웬 갈매기? 눙깔이 뼀어 이 새낀!

지평선을 볼 수 있다는 아산평야를 그 후에도 한참 헤맸다
결국은 되돌아가야 할 것을 알수록 바다는 멀고

어느 쪽이 뭍인지 바다인지 분간할 수 없었다
그리고 무엇보다 배가 고팠다

미치겠네… 씨발
어떤 새끼가 그래 꼬불칠 게 따로 있지
뭐에 쓸려고 바다를 다 꼬불쳤다냐

서귀포

언제부터인지 알 수 없다
해가 바람 소리에 연신 들썩거리는 깨진 차양 틈에
누가 먹고 버린 귤 껍데기처럼 찡겨 있다

명태

엄마는 명태국을 끓일 모양이다 한 달 전 제사를 지내고 냉장고에 처박아두었던 유기된 상태의 사체를 무어라고 투덜대면서 망치로 두들긴다 계란에 쪽파와 풋고추를 썰어 넣은 뒤 가스불을 켜면 끝이다 맵고 짜고는 알아서 맞춰 먹는 거다 엄마는 그런 초월에 익숙하다 낳아놓으면 알아서들 크데 너희도 잔뜩 낳아서 길러봐 다 제 밥 구멍은 하나씩 갖고 나는 겨 그게 뭐 어렵간? 무어라고 투덜거리면서 엄마는 밥그릇에 생마늘 다진 거 반 숟가락을 떠놓고 부엌을 나온다 엄마 눈은 그럴 때 보면 명태눈을 닮았다 뭘 쳐다봐, 이 웬수들아 하고 혼자 아가미를 빼끔거리는 것까지 혼자 말라비틀어지며 바스락거리는 잠버릇까지

쥐눈이콩

바람이 깊어지면 푸르른 하늘이 되었다
누가 누구에게 깊어질수록
원한이 넓어지고 가까이 붙을수록 만지기가 싫어졌다
모든 소리는 그 소리를 가진 것의 음모를 가렸다
남의 땅에 지 맘대로 말뚝을 박아놓고
여기 저기 아무렇게나 막무가내로 심어놓은 콩
자루를 들고 뙤약볕 아래 버티고 서서
罪 안 싸고 사는 놈 봤어?
어디에든 무엇이든 싸도 발그레해지지 않는 얼굴
그만큼 시달리며 저지르며 깜빡깜빡 살아온
우리 엄니 얼굴

피서지에서 생긴 일

내가 차지한 자리는 올라오는 방향에서 바라보면 계곡의 왼편 평범한 바위 쪽이다 그는 그 건너에 텐트를 치고 있다 그는 도시인들이 피서 철에 들고 다닐 수 있는 것들의 평균치보다 다소 많은 양의 상품을 떼메고 와서 그것으로 해를 가리고 깔고 앉고 물에 담궈 놓고 먹고 저온 상태로 오래 유지시키는 야외용 저온고까지 들고 왔다

나는 김밥 다섯 줄 소주 2홉짜리 열 병 담배 스무 갑 피티병에 든 맥콜 두 개 참외 삼천 원어치 부탄가스 다섯 개 휴대용 가스렌지(1억 원 화재보험증 붙은 거) 한 대 일회용 종이컵 한 줄 삶은 계란 세 개씩 묶은 거 네 개(그 안에 종이로 싼 맛소금이 들어있는 거) 나무젓가락 노란 고무줄로 묶은 것 한 묶음 신라면 열두 봉지 새우깡 두 봉지 그리고 아직은 굴릴 만한 마누라 한 대와 사내새끼 한 마리 계집애 한 마리를 어깨에 걸치고 옆구리에 끼고 들고 온 게 전부였다 무엇을 먹고 있든 계곡물에 팬티만 입고 앉아서 그나 나나 별 생각 없이 적당히 즐거웠다

가져온 것들을 다 먹고 큰 쓰레기봉투에 껍데기들을 담고 재활용할 것들을 챙겨서 그도 나도 해가 질 무렵 계곡을 내려왔다. 마누라가 한마디 했다 잘 봐 뭐 빠뜨린 거 없나 내가 말했다 흘리는 것은 걱정 안 해 고름이 살 되는 게 문제지 늘 남는 게 문제야 그나저나 길 막혀서 클 났네 마누라는 나이 들수록 유머가 통하질 않는다 마누라가 벌컥 화를 낸다 그럼 재들이 네 고름이냐

정구지 밭의 여자들

밤꽃 냄새는 남자 냄새였다
그걸 알려주는 그것을 그녀들이 안다는 것을
노골적으로 알게 해주는
해가 뜨기 시작한 간척한 논 한복판의 정구지 밭

소복한 정구지 무더기를 더듬으며
나이 들고 무뚝뚝한 여자가
안 그렇게 보이는데도 무슨 생각이 들었는지
바랜 회푸대 종이처럼 누르스름하게 웃었다

소복한 정구지 무더기 어디
거기서 무얼 건져낼 것도 말 것도 없는
그 소복한 정구지 무더기를 더듬으며
그녀는 무얼 눌 때처럼 슬그머니 궁금하세
고개를 돌려놓고 정구지가 짓물러지도록 손으로
정구지의 맵고 달작지근한 맛을 물어뜯고 있다

대화리 사람들 1

언덕을 올라서면 네모난 양철판 하나 반듯이 웃는다 사원 모집 광고가 나붙은 전신주 몇 개 야근에서 돌아오는지 부은 눈으로 듬성듬성 다가오는 깡마른 사람들 몇 빨랫감 널린 베란다에 나와 10년도 넘게 계속되었을 무슨 기다림에 아내들은 맥이 없고 어서 오십시오 여기는 대화동입니다 공단 약도가 운명선 생명선 감정선으로 엇갈리고 아무도 사랑할 거 같지 않은 가벼운 목례로 서로의 어깨를 외면하는 대화동 사람들을 만난다

비누 냄새 나는 애경산업 사람 쇠를 깎다 망가진 몸으로 소주를 사드는 동양강철 사람 사료 푸대 싣고 내리다 신세 조졌다는 제일사료 사람 태평양과 원풍물산 대양광학 동신전선… 빨간 리본에 한 번은 정당하게 내 것을 적어야 한다는 설움으로 이름을 외쳐보지만 펄럭이는 광목 깃은 내려지고 철문 사이로 지게차와 맹한 직원들의 눈 매무새만 으르렁댄다

얼마나 오래 그래 얼마나 더 오래 우린 만나지 못하겠

지 수돗가에 벗어던진 작업복의 뒷축에 탈의장 문짝 모서리에 그렇게 몰래 찔러오던 우리들의 편지지를 생각하며 우리 한번은 반듯해 보자고 돌아서면 안녕히 가십시오 여기는 대화동입니다 네모진 양철판 하나 하얗게 웃고 있다

대화리 사람들 2

넓지 않은 어깨 피곤하게 다물어진 눈썹 부스스한 머리로 푸른 승차권을 플라스틱 통에 넣고 나면 버스는 언덕을 넘어 선다 구겨 신은 구두거나 옆구리가 터진 운동화짝이거나 오래 주머니에 쑤셔 넣었던 그 무슨 말더듬을 앓는 쪽방 사람들이 한 무더기 실려 넘어서는 이 길고 긴 고랑, 우체통을 더듬으며 오지 않는 답장의 차가운 냉기를 가늠하며 빈방 빈 벽에 새까맣게 그립다그립다그립다 적어온 날도 헤아려지지 않고 늘어난 주량과 옹색한 살림을 데리고 야간을 나가는 것인가

누구를 위한다는 생각도 없이 벌어진 아가리로 공단병원이 있고 예비군 훈련소가 있고 충청은행 본점이 그렇게 겁나게 서 있고 엇갈리는 차창마다엔 거울처럼 또 서로의 피로가 있다 노동 해방, 누군가 내미는 손수건에 검은 인쇄체로 새겨진 글자처럼 문득 철문이 열리고 씻어내지 못한 기름때로 하나 둘 셋 뛰어오는 사람이 있다

정씨

사발시계가 울기 전부터 정씨는 깨어있었다 간밤에 마신 술기운이 남은 탓인지 목 뒤가 뻐근하다 열 살배기 세영이는 세상모르고 자고 있고 아내는 남편 쪽으로 돌아누우며 거동을 살핀다 일어났에유? 스물 여섯에 방직공장엘 다니다가 만난 아내였다 머리를 길게 늘어뜨리고 다니는 것이 이뻐서 몇 날을 쫓아다니다가 으슥한 밀밭에서 따먹어버렸는데 그만 아이가 생겨 결혼을 하게 되었다 한두 번 그 짓을 한 것이 아니었지만 왠지 끝내자는 말이 쉽게 나오지 않았다 쌍년아 그게 내 애란 보장 있어 네 년이 주임이랑 놀아나는 걸 모르는 줄 알어 겨우 여기까지 꺼내 놓았지만 그게 통 씨가 먹히는 것 같지 않아 정씨는 돼먹지 않게 화가 치밀었다 이 씨팔년이 말을 하면 말귀를 알어들어야지 정씨가 연숙이의 싸대기를 두세 번 후려지자 연숙이가 길바닥에 맥없이 고꾸라졌다 개새끼 그 욕을 힘겹게 내뱉고 잠잠한 연숙이의 면상과 배때기에 정씨의 구둣발이 사납게 박혔다 연숙이의 입에서 피가 한 움큼 쏟아져서야 정씨는 제정신이 들었다 시계는 다섯 시 십오 분을 막 넘어서고 있었다 나가야 할 시간이었다 정씨는 아무렇지도 않게 벗어던진 옷가지를 주섬주섬 챙겨 입었다 추운데 나오지 마, 일찍 올 거유? 정씨는 괜한 소리 집어치우라는 표정으로 아내를 위아래로 쓸어보았다 가봐야 알지, 왜 아니유 댕겨오세유 세영이나 잘 봐 빽빽 울리지 말고 다른 때 같으면 지가 어쨌게유 한마디 해서 한 대 얻어맞고야 말았겠지만 오늘은 웬일인지 그만 입을 다물었다 부엌 문짝에 기대어 놓았던 스마트 자전거를 꺼내며 정씨가 또 한마디 하는 걸 잊지 않는다 연탄이나 갈고 자빠져 자 대문 밖 비탈길이 눈에 덮여 있고 하늘이 뿌연 게 눈이 더 쏟아질 태세였다 재철이 이 새끼는 아직 안 내려오나 씨팔새끼 해장씹하고 있겠지 자전거가 간밤에 언 얼음 위를 지나다 미끄러져 정씨는 한바탕 눈 위에 곤두박질을 치고는 가뜩이나 부은 입을 씰룩거렸다

재래시장의 봄 1

강아지 털처럼 햇볕이 부스스하다
산비탈에 자욱한 복사꽃 안개
마지못해 일어서는 논배미의 풀들
그래도 꽃은 뒷모습이 꾀죄죄하다

황망하지 않으려고
반가운 마음을 들키지 않으려고
딴청 피우고 있지만 꼬리가 벌써 살랑이는 똥개
기다릴 게 없으면 하루는 너무 외떨어져 빈자리다

튀밥을 파는 여주댁이 야시런 옷을 입고 촐싹대서
5월은 대책 없이 유치하다
본래 풀색과 꽃색을 수놓으면
걸치기 사나운 옷이 되는 것이고
말이 많으면 흉허물도 많다

재래시장의 봄 2

제비꽃을 화분에 심고
물을 준 덕에 오늘은 꽃이 벌었다
장사가 신통치 않고
내내 애들 문제로 정신 사나운 참에
벙그러진 꽃을 망연히 들여다본다
하늘 가장자리처럼
움푹 꺼진 꽃의 음부

햇살이 기웃거리고 바람이 치근대고
멋대가리 없이 생선 가게 박씨가 웃는다
마주보면 모두가 두려운 얼굴로 비껴가야 하지만
한눈으로 담기에 꽃은 너무 담담하다

재래시장의 봄 3

세월을 한참 비껴선 사람들이
단합 대회를 하듯 재래시장을 찾고 그곳을 지켰다
그곳은 과격하기에는 무리지만
한시도 입을 가만 놔두지 않는
그런 사람들에게 어울리는 그런 곳이기도 했다

조용하게 머물 데가 있으면 그것으로 족했다
나는 항상 소식들 뒤에 있었고
모든 게 느렸지만 정확하지 않았다
편안한 거주지에 끼지 못한 사람들이 부유하며
때때로 큰소리로 웃고 싸우는
길고 꼬불꼬불한 골목 안
손톱을 물어뜯으며 쪽파를 찝찍거리는 젊은 여자
세상은 왜
등 돌렸을 때 등 뒤에서 못 알아듣게 속삭이는가

그녀 등 뒤에서 구부리다 만 그녀의 속옷
등허리 흰 척추 바느질 선을 누군가 수군거릴 때

흐린 날의 쪽파는
일부러 누가 조작하는 것처럼 사뭇 푸르다

고들빼기김치

처음 입에 넣었을 때 달작지근하고 약간은 짠 듯하다 아래위 어금니 사이에 넣고 씹으면 오득오득한 뿌리와 숨이 죽어 있는 아삭한 잎이 씹히면서 쓴맛을 낸다 쓴맛이 목구멍을 넘어올 때 먼저 넣었던 밥을 반쯤 씹힌 고들빼기와 양념을 혀 그리고 순전히 아래위 이빨 그리고 입천장을 이용해 다시 갠다 입 안에서 그렇게 밥과 고들빼기와 양념이 버무려져서 간이 맞을 때쯤 삼키면 한 숟가락의 밥과 고들빼기김치 먹기는 다 설명이 되었다 입맛이 없는 여름에 뙤약볕 훤하게 내리는 마당 한쪽에서 따순 숭늉을 곁들여 먹어볼 만하다 가끔 마당가에 사발꽃이나 나팔꽃이 피어 있어도 벌레가 잉잉대고 나비라도 몇 마리쯤 날아다닌다면 어느 산들을 지나다녀서인지는 몰라도 제법 선선한 바람 한 줄기라도 불어준다면 고들빼기김치 맛은 그러면 딱 되었다

제3부

소리

꽃잎 진다 누가 열어두었을까 문살 틈 손실 많은 옷소매 걷잡을 수 없는 사태 섬돌 위로 떨어지는 저 저 풍경소리

풀밭

풀이 吐하고 있다 단색의 화면에 스스로 내부에 감추어두었던 그것이 무엇이건 간에 보이지 않게 가려 있던 내부의 어느 부분에선가 입으로 먹은 후에 소화하기 위해서 삼킨 것이 아닌 게 분명한 무엇을 그저 찌꺼기가 아닌 언제부터인가 준비해온 것 같은 말할 수 없이 불길한 저의가 분명한 무엇을 처음엔 그 무엇이라고 단정하기조차 망설여지는 무엇을 처음엔 산발적으로 그리고 급기야 그것이 무슨 사변의 전조인 것처럼 불이라도 난 듯 그래 누가 더는 참을 수 없는 분노 때문에 작정하고 불을 싸지른 듯이 느닷없이 풀밭이 왜 땅을 거역하는가

문학들

목이 마르다
술 마시고 난 새벽에는 술에 범벅된
그의 말소리가 그녀의 야윈 어깨를
지그시 어루만지고 나서 아무 일도
아무 일도 일어나지 않을 수밖에 없었음을
뻔히 알고 나서야 구겨진 바지 주름을 대강들 펴고
참 편리해졌어? 이런 게 어떤 놈 머리서 굴러 나왔을까
징헌 놈 웬수 같은 카드를 꺼내서 들고
또 모두들 잠시 뉘우치고
아버지가 자식들을 이불 위에다 털어놓을 때처럼
도로에다 소변을 툴툴 턴다

아픔에 대하여

아프다고 소리 지르는 사람의 아픔은
아무도 모르게 혼자 아픈 사람의 아픔에 비하면
아무것도 아니다 처음부터 그렇게 시작했어야 한다
죽음은 生의 다음이 아니라
生의 오래전 기억이 막 끊어진 자리다

(늘 아파서 죽겠다던 노부가 그 인간 병수발을 들다가 비명횡사한 노모를 그리워하기 시작한 지 한참 후에도 감나무 가지에 걸려 팔딱거리는 수거하지 않은 비닐의 사체들처럼 무얼 기다린다는 게 결국 무엇인지를 알지 못했다)

그가 아픈지를 누가 알았을 때
그는 이미 아픈 게 아니었다
자기도 모르는 아픔을 우리는 누구나 하나쯤 챙기고 산다
(누구나 쉽게 말할 수 있는 말이기는 하지만)
生은 죽음이 앓아누운 죽음의 미래다

절명

수술실 복도에서 그의 임종 소식을 듣는다 바퀴 달린 철제 침대가 크레졸 냄새 가득한 회복실 밖 영안실 입구로 바쁘게 끌려간다 그가 벗어두고 간 구두와 양복 바지를 몇 개의 소지품과 함께 담아서 무너지고 있는 그의 아내 손에 들려준다 이게 전붑니다

초겨울

열매는 꽃이 떠난 자리에서 꽃망울이 아문 자국이다
대개 시간의 차이가 다소간 있기는 하지만 열매가 다 맺히면
열매를 매달고 지내던 대공의 단편소설만 한 생애는 끝이 났다

어쩔 수 없는 대공들의 사망 소식이 늦은 가을 혹은
선부른 겨울 입구에 수북해지면
그것들의 쭈글쭈글하고 바스락거리며 탈수된
정직하였지만 억세게 운이 나빴던
일련의 생애와 운명, 그렇게 피곤한 것들이
술에 취한 늙은 시인의 치매 섞인 유행가로 위안받기도 했다

각광받는 잎사귀였을 때의 추억으로
목 마려운 가랑잎 눈이라도 몇 페이지
찢겨서 날아다녔으면 덜 서운한 날씨였다
거의 대부분의 풍경들은 무엇이 한두 가지씩
꼭 모자란 채로 사방에 인쇄되어 있다

바람

누가 거미줄처럼 처마에서 마당으로 내린다
숲의 가장자리를 흔들고
물을 첨벙거리고 방문 앞을 서성인다
보이지 않는 그의 자명한 발걸음이
풍경을 건들고 만다

문득 살에 닿는
그러나 가볍게 그리고 민감하게 떨리면서
살에 와 닿는 누가
길이 험한 산속을 다녀간다

가을 1

새 한 마리가
잎을 털어낸 나뭇가지에 앉아 있다
아무도 언급하지 않았기 때문에
거기 있었는지 알 수 없었던 마른 풀
쥐똥만 하고 유치원 다니는 막내딸
귓불만 한 빨간 산수유도 빠져 있고
흘러가지 않는 한가운데
깊어지지 않고 물이
허물어지고 있다

가을 2

바람이 분다 물이 바람에 흔들린다 바람이 물을 흔들 수 있는 것은 바람이 물보다 무겁기 때문이다 바람은 생각이다 생각이 몸보다 항상 무겁기에 피곤하지만 물이 생각 속에 가라앉아 있긴 하지만, 생각이 물을 흔들 수 있는 것은 바람이 물보다 진보적이기 때문이다

뙤약볕

집에서 기른 콩나물을 밥을 지을 때 함께 넣고 삶는다 양푼에 몇 주걱씩 따로 퍼서 먹거나 큰 함지박이나 작은 다라에 한꺼번에 퍼서 비벼먹는다 입맛을 잃기 쉬운 여름철 눈에 밟히는 기억이다 그리고 뜨겁다 8월 한낮의 뙤약볕은 매미의 끊임없는 비명에도 수그러들지 않는다 뜨거운 한낮바람도 시동을 꺼버린다 전기 가마솥처럼 슬레이트 지붕을 길게 내민 골목길이 이글거린다 숨이 막히지만 얼굴을 들 수 없을 만큼 뜨겁지만 그러나 이글거리며 타오르는 길가의 풀들 나무들 이글거리며 타오르지만 그러나 그토록 푸르른 세상 뙤약볕이 슬레이트를 길게 내민 골목 안에서 뒷주머니에 숨겨온 본색을 드러내면서 미친놈처럼 으르렁거린다

하늘꽃

벌금자리와 외모가 닮았지만 잎에 솜털이 있고 꽃의 색깔이 푸른빛을 띤다 토지 보상 문제로 다소 시끄럽고, 아파트 단지가 빽빽하게 들어 선 마을의 등산로 옆 그다지 소득이 신통치 않아서 나락이나 곡식을 경작하기보다는 소일 삼아 채소를 주로 키워 온 땅, 한동안 크게 신경을 쓰지 않아서 산만하게 늘어선 자기 땅의 경계들에 새로 과실수를 심고 사람의 손길도 늘었다 그런 땅들의 끄트머리에 구청에서 약수터를 하나 만들었고 그곳을 찾는 사람이 부쩍 늘면서 생겨난 이런저런 소동들을 땅은 그렇게 소심하게 내색하고 있었다 맨 흙이었으면 좋았을 땅에 시멘트를 붓고 정화 시설 우수받이 수로가 만들어진 가파르고 구불구불한 길가에 보란 듯이 무더기로 하늘꽃이 피었다

좁쌀보다도 작은 푸른빛이 도는 그 꽃을 어째서 하늘꽃이라고 했을까 약숫물 뜨러 좁쌀만한 아이들이 빈 병을 들고 올라오고 있다 아이들이 떠드는 소리 좁쌀만큼 작은 아이들이 하늘에 가 닿을 만큼 크게 웃는다 아, 그래서 하늘꽃이구나 그래서 하늘꽃이구나

어떤 애벌레

5월 하순이나 6월의 어느 날 활엽수가 제법 폼나게 서 있는 한가한 시골길을 걷다보면 얼굴이나 목 부근 혹은 팔뚝 따위의 옷 밖으로 버려진 몸뚱이의 겉표지에 투명하고 가늘어서 굳이 눈에 띄지 않는 거미줄과 같은 것이 감겨든다 그게 돈 되냐 아직 살 만한가 봐 투의 복작거리는 겨우 제대로 한번 미안해보지 못한 틈들을 부지런히 포착하며 뚫다보면 행운처럼 몸이 간지러운 그 끈을 발견할 수 있다 그러면 그것은 누가 공중의 어떤 곳에서 지상으로 뛰어내린 완강기 밧줄 비슷한 것일 터인데 그것은 도대체 누가 이 지상에 제 생을 마모시키기 위해 부질없이 뛰어든 자국이냐 누가 천상을 버리고 황당해진 지상으로 굳이 뛰어내린 흔적이냐

사람이 사는 거리

밤새 돌리는 기계 소리 자욱한 뜨락에도 풀잎은 돋는다 한번도 누구의 위안이 되어주지 못하는 꽃과 이제는 올 리 없는 우리들의 푸르름처럼 서늘하게 시멘트와 덤프트럭과 화물차가 차지한 거리의 모퉁이에 아직은 따사로운 사람을 기다려 포장마차가 서고 외상을 그셔 주는 선술집이 신장개업 딱지를 돌린다 사람이 사람을 만나 반가운 거리 벽을 끼고 돌아나오다 출근 카드에 연분홍 지장을 누르고 걸어나오다 우리들은 본다 여기에도 풀은 자라고 깃털 같은 사람이 산다

4월에 내리는 비

얼마쯤 속여도 괜찮겠지
얼마쯤은 속이는 것들과 붙어먹어도 큰 탈 없겠지
정신을 차리고 목련을 본다
필시 간밤에 무슨 일이 있었던 거겠지
누가 외떨어진 사방에서 철없는 것들을 손댔을까

얇은 겉옷이 젖은 뒤
확연히 비치는 브래지어 끈 그 레이스를
꼭지 부근의 유달리 오똑하고 거무튀튀한 색조를
아래쪽 작은 명암 차이 질-감을 본의 아니게
보이고 만 퍽이나 다행스러운 빗길

보여주지 않으려면 속옷은
왜 겉옷에 비해서 훨씬 시각적일까
4월 오전 한때 비 내렸고
굳이 우산을 써야 했을까

고개를 수그린 목련에게

우리들이 비어있는 사방에서 도대체
무슨 일이 일어나고 있는 것일까

어느 날

자기야 유럽에 다녀온 얘기
중국 본토와 인디언들 나라 얘기 듣는 것보다
슬퍼지기는 하지만
자기가 내 손을 만져주는 거 있잖아
뼈와 뼈 사이 움푹한 골짜기
거기를 아프도록 만져주는 것
살아가는 것처럼 나른하고 쓰라리거든
노동운동 얘기 진보 정당 얘기
백 년 후 별들 얘기 그런 얘기들은 슬프거든
그런 얘기 듣는 것보다
억세게 만져주는 거 있잖아
나 뿅 가거든 그래야 살아있는 거 같아
뿅 가면 잊을 수 있잖아

사색하다와 생각하다와 궁금하다와

오래된 책상 서랍을 뒤적이다가 찾아낸 수첩 표지, 글자 아홉 자와 마침표 띄어쓰기 그리고 가로 열고 닫기가 되어 있다 모나미 볼펜심 자욱이 짙은 청색으로 남아 있다 무슨 생각으로 썼는가는 기억이 없다 수첩 안에는 작고 날려 쓴 글씨가 빽빽하다 더듬어서 읽을 수 있는 정도의 악필이다 두부를 썰어 먹을 때 도마 위에 있는 것을 썰었다고 하는 것이 타당하냐 간밤에 내가 그녀와 잤다고 적은 것은 잠을 잔 것이 주안점이냐 난 그녀와 간밤에 씹을 했다라고 생각하는 것이 생각이냐 사색은 생각의 한문식 표기다 아니다 아니다 생각은 궁금함의 한문식 표기다 잠은 씹의 궁금증의 표기냐 아니다 뭐가 자꾸 더 필요하다 석연치 않으면 나머지가 궁금해진다 그게 생각이다 아니다 아니다 습한 날 가느다란 거미줄처럼 무엇이 얼굴과 온몸에 엉킨다 생각과 그 안에 있는 말들이 마침내 엉킨다 테두리 선들이 무너져버린다 헌 수첩을 서랍 안에 넣는다 그리고 서랍을 닫는다 바람이 죄진 사람처럼 마당 구석에 있는 살구나무 가지에 몸을 숨긴다 햇볕이 나뭇잎 사이로 히히덕거리며 뛰어다닌다

겨울, 언덕 밑 들꽃들

쓸쓸해질 것이다
마른 꽃잎 바싹 마른 대공
그렇게 한사코 보풀었던 잎사귀가
서로 또 바람에 기대를 하면서
어서 끝내주세요 바스락거릴 것이다
얼굴이 희미하게 지워진 강 앞에서
선선하고 말간 것이 돌연 서먹해질 것이다

쓸쓸해질 것이다
떠날 때가 된 사람이 늦도록 기척이 없을 때
문소리가 덜컹거릴 때 차가운 바람이 볼에 닿을 때
가볍지 않은 후회가 문득 떠오를 것이다
마른 풀잎이 바람을 끌어안으며 버스럭거릴 것이다

마른 꽃잎이 버스럭거릴 때
으슥한 소름이 빼곡하게 돋아날 것이다
결코 가볍지 않은 후회가
대수롭지 않은 것처럼 스치고 지나갈 것이다

감꽃이 질 때

삐알밭에 누웠다
늙은 감나무 그늘은 확연하게 깊었다
봄 햇살이 부슬부슬 내렸다

장아찌가 된 감 냄새가 났다
아이들이 장난으로 명주실에 꿰어
감꽃 목걸이를 만들었다

불현듯 늙은 감나무에서 감꽃이
비처럼 내렸다

집

동쪽으로 창문이 하나 나 있었다 아무것도 얹어놓지 않은 나무 의자, 빈둥거리며 시간을 때우고 있는 책장, 끝이 무딘 작두날로 무엇인가를 썰면서 쌈지 담배 냄새와 쉰 막걸리 냄새를 독하게 풍기는 원래 그 집 주인이던 사람의 사진, 시시콜콜한 소리도 인상적인 어떤 채색도 궁색해진 뒤 가까스로 오솔길에 빌붙어 먹는 산자락에 그가 버리고 간 집이 한 칸 있었다 햇빛 속에서 어떤 놈이 함부로 먹고 싸는 바람 속에서 절기를 미처 못 따라가는 설기고 어눌한, 아니, 표지가 떨어져나간 후로도 속이 안 비치는 가망 없는, 새 집주인과 원래 집주인이 흘리고 간 책 껍데기에 함부로 그려놓은 낙서처럼 집이 한 채 있었다

어느 흐린 날

누가 스위치를 내린 게 아니다
아직 태양은 꺼진 게 아니다

지금은 제법 폼도 나고
제법 출렁거리는 맛이 쏠쏠하지만
어느 때던가 태평양의 물이 다 말라서
종이컵에 한 잔도 안 되게 남았을 때
너희들의 군함이
태평양 한복판을 누빌 것이라면 몰라도

너희도 처음에는
조그만 것으로 느리게 시작하고
너희도 나중에 큰 것이 한꺼번에
무너지는 소리를 듣게 될 거고 그리면
너희들 중 누구 하나라도 사람처럼
사람의 흉내를 내 보기라도 해야 할 거 아니냐

예비군

칼빈 소총 어깨에 메고 왕년에 군발이 아녔던 사람 있었나 연병장에 줄맞춰 선 그네들에게서는 전쟁의 냄새보다는 돈벌이에 여념 없는 시간이 아까운 도회지 가장의 냄새, 예컨데 A4갱지 같은 깐깐한 성질이 스며있는 것이다 적전술 훈련장에서 조또방위가 외워대는 5인에서 3인으로 구성된 적 침투조는 요인암살 민심교란을 목적으로… 척후조 핵심조 쏘련말 하고 자빠진 차트 글씨보다는 신문 구석 구인 광고나 강도살인 강간살인 생매장 기사를 눈여겨 보는 것이 진짜 예비군이고 적전술 훈련장에 앉아 순진하게 있는 편보다는 한적한 곳에서 쩜100 고스톱을 치는 게 노련한 예비군이다

■ 해설

한국 현대사 초입, 그 잔인한 풍경

문병학

(시인)

1.

지난해 가을, 그러니까 2006년 10월 한반도의 정세는 한 치 앞을 내다볼 수 없는 짙은 안개 속이었다. 한반도를 뒤덮고 있는 짙은 안개는 소위 '6자회담' 이라는 정체가 불명확한 괴물(?)의 시꺼먼 뱃속에서 피어오르고 있었다. 그 무렵 나는 거의 매일 밤 악몽에 시달렸다.

시도 때도 없이 닥쳐드는 악몽과 환상에 시달리던 나는 여기저기 인터넷 사이트들을 기웃거리다가 〈서프라이즈〉에서 '우랄알타이어'가 올린 글을 읽게 되었다. 그 글은 딱딱한 국내외 정치 정세를 다루고 있었는데, 글 중간 중간에 들어있는 시적인 구절들이 내 눈을 붙잡곤 했다. 그때 읽었던 글의 내용이 자세하게 기억나지는 않지만, 그 요지는 한반도에 잔뜩 내려앉아 있는 짙은 안개가 곧 사라지고 머지않아 봄이 성큼 다가설 거라는 내용이었다. 이후 '우랄알타이어'는 '개굴이네 집'으로 그 이름을 바꿔서 꾸준히 글을 올렸고, 나는 틈나는 대로 그의 글을 찾아 읽었다.

어느덧 2007년이 되었고, 우수 지나 개구리가 겨울잠에서 깨어난다는 경칩이 되었다. 그때도 여전히 '개굴이네 집'의 글들은 누리꾼들에게 많이 읽히고 있었는데, 그 인기는 서프라이즈 국제경제방 여타 글들의 조회수를 수십 배나 훌쩍 뛰어넘는 가히 폭발적인 것이었다. 누리꾼들의 조회수가 증가하는 것에 비례하여 댓글도 엄청나게 늘어나고 있었다.

총각님이요

꽃밭에 물 쪼까 주고 가이소

꽃밭이 물을 굶어서 배배틀렸소

바쁘더라도 물 쪼까 주고 가이소

—「봄」 전문

어느 댓글에 '개굴이'가 답글을 올리면서 "먹고사는 일 땜에 볼 일이 있어 부산 완월동을 지나는데 개나리도 환하고 그곳 아가씨들도 환하더라고, 한반도에 봄이 확실히 오기는 왔더라"며 올려놓은 시가 바로 '봄'이다.

끼 있는 그의 너스레에 빙그시 웃던 나는 그의 너스레가 단순한 너스레 같지만은 않다는 생각이 들었다. 그래서 "물 쪼까 주고 가이소"라고 호객하는 시적 화자를 분단된 한반도라든가 하루하루 목마르게 살아가고 있는 우리 주변 사람들로 대체시켜가면서 그의 너스레를 곰곰 되씹어보게 되었다. '봄'이라는 시에서의 너스레뿐만이 아니라 '개굴이네 집' 글들 중간 중간에 자리하고 있는 그의 너스레들 속에는 예외 없이 얼핏 지나면서 읽을 때는 놓치기 쉬운 시적 울림이 담겨져 있었다. 그래서 나는 불쑥 그를 만나보고 싶어졌고, 우여곡절 끝에 만나게 된 인터넷 논객 '개굴이네 집'이 바로 양현구 시인이다.

2.

그와 처음 만나 인사치레를 하는 자리에서 나는 그에게 시를 써본 적 있느냐고 물었다. 그는 "20년 전부터 그냥 혼자서 시를 끄적거렸다. 그동안 혼자 끄적거려 여기저기 처박아 둔 것들을 찾아보면 일, 이백 편은 될 것"이라고 대답했다. 며칠 뒤 이메일로 「갈대에게」 「산」 「봄나들이」 등 20여 편의 시를 받아 서둘러 읽었는데, 그 수준이 만만치 않았다. 그래서 그의 의사를 확인한 후 다섯 편의 시를 『문예연구』(2007년 봄호) 신인문학상에 응모하게 되었고, 이내 당선 연락을 받기에 이르렀다.

'거칠고 우직하다'는 것이 내가 느낀 그의 첫인상이다. 그런데 몇 번의 만남이 더해지면서 무엇엔가 잔뜩 심사가 뒤틀린 듯한 거침과 우직함이 곧 마흔 중반을 넘긴 나이에도 불구하고 사람에 대한 순정을 잃지 않은 것에서 비롯되고 있음을 알 수 있었다.

어느 날, 그와 소주잔을 나누면서 무슨 대중가요 가사처럼 "고향을 물어보고, 나이를 물어보고, 어떻게, 무얼 하고 살았는지"를 물었다. 내 물음에 그는 9살 때 고향 금산을 떠나 대전에서 36년째 살고 있고, 고등학

교를 간신히 졸업한 후 지금껏 건설 현장에서 막일을 하면서 산다고, 20년 넘게 건설 현장에서 생활한 덕분에 지금은 현장 인부들을 200여 명 모아 작은 건설회사를 만들어 운영하는 명색이 사장이라며 '명색이 사장' 임을 거듭 강조했다.

그 말을 듣는 순간 신혼살림을 막 시작할 적에 많은 젊은이들이 한두 번쯤은 겪어봤을 일을 그리고 있는 그의 시 「봄나들이」가 떠올랐다. 마치 신혼처럼 '주책없이' 팔짱까지 끼고서 '삭월세방' 을 얻으러 다니며 "남의 집 마당을 담 너머로 보면서 며칠 지나면 꽃도 미친 듯이 피겠다"고 너스레를 떠는 마흔 중반의 부부 모습이 눈에 안겨 와서 가슴이 뭉클했다.

> 승강장 한쪽에 붙은 원 · 투룸 임대 쪽지를 한참 바라본다. 나이 마흔 다섯에 아내와 아이들을 끌고 피난살이처럼 살 방도를 찾고 있다 보증금 300 월 25만, 신통치 않다 담뱃값도 만만찮고 할 일 없이 왔다 갔다 하는 차비도 만만찮은 요즈음… 봄은 봄인가베'? 아내는 햇살이 참 따숩다고 좋아한다 방2 거실 주방 따로 기름보일러 큰방 2 목욕탕 거실 침대제공(줏어온 거 아님) 사글세 됨 주인이 직접 상담, 즉시 입주 가능, 도시가스 심야보일러 설치 2층 독채 햇볕 잘 듦

자기야 애들 데리고 산에 한번 갈까, 골목 어귀를 지나면서 아내가 팔짱을 낀다 단정하게 정리된 남의 집 마당을 담 너머로 보면서 며칠 지나면 꽃도 미친 듯이 피겠다 아내가 웃는다

—「봄나들이」 전문

그의 말을 자르며 나는 대뜸 명색이 사장님이라면서 그래 아직도 집 한 칸 마련 못하고 사글셋방을 얻으러 다니느냐고 했더니

“건설 현장에서 일해 밥 먹고 산 지가 벌써 25년인데, 건물 짓는 일이 들어오면 도면에서 요구하는 대로 건물 위치와 밑바닥을 잡아주고, 누구를 그 일의 대장으로 할 것인가를 결정해주고 하는 것이 내가 하는 일입니다. 대중없기는 하지만 건물 하나 올리고 나면 공사 대금이 나오는데, 그냥 인부들 일한 날 산정해서 나눠주라고 사무실 회계에게 돈 가방을 통째로 던져주고 나옵니다. 그러고 집에 들어가면 아내가 박박 긁어대지요. 앞으로 한 10여 년 그렇게 부지런히 일해 쓸 만한 ‘종합건설회사’ 하나 키워서 일꾼들이 공동으로 운영하는 체계로 만들어놓고 나는 시골로 냅다 도망갈 생각입니다. 시골 들어가서 노인들만 사는 허름한 집들을 고쳐주거나, 새로 지어주기도 하면서 이생에서의

연을 마무리 짓고 싶은 게 내 소원입니다."

여기까지 말을 마친 그가 담배를 꺼내 물었고 나도 덩달아 담배를 물고 우리는 한동안 말없이 그렇게 앉아 있었다.

> 자기야 유럽에 다녀온 얘기
> 중국 본토와 인디언들 나라 얘기 듣는 것보다
> 슬퍼지기는 하지만
> 자기가 내 손을 만져주는 거 있잖아
> 뼈와 뼈 사이 움푹한 골짜기
> 거기를 아프도록 만져주는 것
> 살아가는 것처럼 나른하고 쓰라리거든
> 노동운동 얘기 진보정당 얘기
> 백 년 후 별들 얘기 그런 얘기들은 슬프거든
> 그런 얘기 듣는 것보다
> 억세게 만져주는 거 있잖아
> 나 뿅 가거든 그래야 살아 있는 거 같아
> 뿅 가면 잊을 수 있잖아
>
> —「어느 날」 전문

모든 시인들은 그 정도의 차이가 있겠지만 대체적으로 꿈을 꾼다. 이 점은 양현구 시인도 예외가 아닌 듯하다. 사실, 마흔이 넘은 사람에게 '꿈꾸는 사람' 이라고 하면 그 말은 칭찬보다도 욕에 더 가깝다. 「어느 날」은 양현구 시인이 꿈을 꾸고 있다는 것을 스스로 고백하고 있는 시다. 이 시를 읽는 동안 내 머릿속에서는 지난 70년대와 80년대 소위 운동권이라 일컬었던 사람들의 모습이 슬라이드처럼 지나갔다. 꿈을 꾸는 사람들은 얼마간 현실감이 떨어질 수밖에 없고, 그로 인해 생겨나는 삶에서의 공백은 가장 가까운 사람인 아내가 떠안아야 할 몫이 되곤 한다.

남들이야 욕을 하든 칭찬을 하든 양현구 시인은 지금도 꿈을 꾸고 있다. 자본주의의 일반적인 논리에 따라 사장이 자기 몫을 일정하게 챙긴 후 남은 것으로 인부들의 몫을 챙겨줘야 하는데, 그는 그 반대로 제몫을 제대로 챙기기 전에 인부들에게 몽땅 털어서 줘버리는 것으로 '자기의 꿈' 을 구현해가고 있다. 그러고서 술에 취해 빈손으로 덜렁덜렁 집에 돌아온다. 그렇게 살아왔기에 마흔 중반을 넘기고서도 아직까지 사글셋방이나 구하려 다니는 것이다. 그의 삶의 방식에 박수를 칠 수도 없고, 그렇다고 한심한 사람이라고 몰아붙일 수도 없다. 씁쓸하다.

3.

양현구 시인의 시는 크게 두 가지 축으로 구분해볼 수 있다. 「봄나들이」 「재래시장의 봄」 등에서 확인할 수 있는 것처럼 사람과 삶에 대한 따스함과 「간척지」 「바다를 찾아」 등에서 확인할 수 있는 현실에 대한 '뒤틀림'이 한 축을 이루고 있다.

그의 시에서 보이는 다른 한 축은 읽는 사람을 매우 불편하게 하는 시편들이다. 오늘, 대부분의 사람들은 정신없이 하루하루를 보낸다. 오늘의 현실이 도무지 앞뒤 살펴볼 여지를 조금도 허락하지 않고 사람들을 몰아세우고 있는 탓이다. 그래서 오늘 우리들에게는 어제도 없고 내일도 없다. 오직 지금이 있을 뿐이다. 이런 현실에서 양현구 시인은 자꾸만 우리 현대사 초입의 풍경들을 뒤적거려 우리 앞에 펼쳐놓는다.

> 팔이 뒤로 묶인 남자들과 어디선가 본 것도 같은 여자 하나가 끌려가고 있다 오리나무와 소나무 그리고 상수리나무가 차지한 크지 않은 산기슭, 몇몇의 민가와 관공서로 보이는 2층 건물, 조그만 구멍가게와 교회당과 넓지 않은 신작로가 태평스럽게 널려 있고 논에는 누런 벼 이삭이 바람에 일렁이고 있다

평화는 산 아래에만 고여 있는 듯했다 삭정이를 밟아 부러지는 소리 가랑잎 밟는 소리가 더욱 크게 들렸다 아무도 입을 벌려 말을 하지 않았다 이 긴 침묵의 행렬은 그리 오래가지 않아 조그만 공지에 멈췄다 어른 몸통만한 소나무에 각각 남자들과 여자가 팔을 뒤로하여 묶였다

나무를 패는 도끼를 든 국방군들이 천천히 그네들 앞으로 다가섰다. 이내, 나무에 묶인 그네들의 얼굴이 땅바닥에 나뒹굴었다. 산 아래의 고요를 이제 산도 갖게 된 것이었다

—「악몽 2」 전문

거슬러보면 미국은 해방군으로 한반도에 들어와 8 · 15해방, 미군정, 4 · 3항쟁, 6 · 25전쟁으로 점철된 우리나라 현대사에서 스스로 그 중심 배역을 자청해 나섰다. 그렇게 해서 우리 현대사는 '피의 살육'으로 시작되었고, 그 시절의 진실들은 역사의 뒤안길에 강제로 파묻혔다. 그때의 진실을 파헤치는 것은 예나 지금이나 금기다. 그런데 양현구 시인은 자꾸만 그곳을 만지작거리며 헤집는다.

얼음 위로 튀어나온

자갈들을 골라 밟으며 걸었다
헛것에 기대어 살았다는
이 혼란을 싸들고 오르는 산
목이 붓고 발가락 사이로
자근자근한 얼음이 배어 나왔다

때로 퀭한 눈으로 저편을 보기도 하지만
아직 앞서간 사람의 자취는 없다
누구로부터 떠나왔는지 알 수 없는 계곡에서
귀밑을 파고드는 바람이 불었다
어느 핸가 이곳에선 총성이 들렸고
어느 해에는 무덤이 또 몇 개 생겨났다

누구를 위해 산이 있는 것은 아닐 테지만
산을 오르다보면
자욱한 눈송이 사이로 염주알같이 묶여가는
한 떼의 사람들과 총 끝이 어른거렸다

삼시의 시작과 끝이
이처럼 정연한 곳에서
산은 자기의 몸 안으로 숨어드는 사람과
사냥을 오는 사람과 떠나는 사람을 품었다

—「산」 전문

우울하고 불편하다. "염주알처럼 묶여가는/한 떼

의 사람들"이나 도끼를 들고 "천천히 그네들 앞으로 다가선" 사람들이 다름 아닌 바로 우리 자신들이기 때문이다. 염주알처럼 묶여가서 목이 잘린 사람들이나 그 목을 자르고 산을 내려온 사람들이나, 그것들을 바라본 산과 나무와 하늘과 야생의 다람쥐들 모두가 외면하고도 싶고 깡그리 잊고 싶은 일들이다. 그러나 외면한다고 외면되는 것이 아니라는 데 문제의 심각함이 있다. 이 같은 기억들이 아주 먼 옛날의 일이 아니라 지금 우리 앞에 놓인 현실 그 자체이기 때문이다.

> 어느 날 아침, 후배가 자고 있는 나를 깨웠다 얼른 나와 보라는 거다 그는 마당 한 켠에 있는 감나무 밑으로 진돗개를 끌고 왔다 목에는 굵은 밧줄이 걸려 있고 사태를 눈치 챘는지 진돗개의 눈에 불안한 기색이 역력했다 왜 그 거를 잡냐고 물을 사이도 없이 그는 진돗개를 감나무에 매달았다 진돗개는 닥치는 죽음에 저항하려 했다 자기를 죽이는 주인이 아니라 자기에게 갑자기 닥쳐오는 죽음에 저항했다 15분 이상 숨이 끊어지지 않는 개의 정수리를 후배가 도끼로 내리찍었다 도끼로 내려치면서 빤히 쳐다보는 개에게 후배는 "힘들지? 그러니 어서 가거라"라고 위로하는 것을

잊지 않았다 복실이는 멀지 않은 곳에서 그 장면을 훔쳐 보고 있었다 "이놈을 잡은 것을 저 개새끼들도 다 알아요 며칠간 찍소리도 않죠 시간이 지나면 저그들 중에서 다시 대빡이 정해져요 지들 나름대로 그런 식으로 질서를 만들죠 이놈은 제가 자기를 이렇게 빨리 잡을 줄은 몰랐을 테죠 얻어맞으면서도 자기를 대장으로 인정해 주는 것을 알았을 테니… 그래서 견딘 거죠 개들도 키워보면 재미있어요." 개털을 끄시르면서 후배는 개막사 얘기를 길게 늘어놓았다

몸에 병이 들어 마음도 덩달아 위축돼서 그랬는지, 그의 얘기를 들으면서 그리고 그 후로도 후배가 개막사와 개들을 다루는 것을 보면서 자주 울적해졌다 본래 계획은 그곳에서 서너 달쯤 요양을 할 요량이었지만, 한 달을 못 채우고 가든을 떠났다 떠나온 후에도 오랫동안 그 개막사는 대한민국 현대사와 함께 끔찍한 악몽처럼 내 머릿속에 자주 씹히곤 했다

—「그 개막사犬幕舍」 부분

낯 뜨겁고 몸서리나는 시 「그 개막사」는 역사의 뒤안길에 파묻어버리고 금기시하는 것들이 어째서 어제의 일이 아니고 오늘의 일인지, 왜 묻어둔 채로 넘어갈 수 없는 일인지, 금기시하고 외면해서 대체 누가 좋아

할 일인지를 곰곰 생각하게 한다. 역사는 감추고 싶다고 감출 수 있는 것이 아니고, 파묻는다고 영영 묻히는 것 또한 아니다. 그런데도 우리들은 모른 체하고 잘도 살아가고 있다. 잊고 살 것을 강요당한 것도 사실이지만 한편으로 우리들 스스로 기꺼이 막사幕舍의 개가 되기를 자처한 것은 아니었는지 찬찬히 돌이켜볼 필요가 있다.

물길을 끊어 저수지를 만들 듯 역사를 끊을 수 없는 것임에도 불구하고 현대사 시작 지점에서 두 동강난 한반도는 그렇게 반세기를 훌쩍 넘기고 있다. 분단도 그저 지난 일일 뿐 외면하고 살아가도 아무 탈이 없는 것인가. 1인당 국민소득 2만 불 시대, 진실로 인간의 존엄을 지키는 개인 혹은 민족의 자존심 그런 것들은 한낱 남루襤褸에 지나지 않는 것인가. 정말 그런가.

4.

나는 대략 지난 10여 년 동안 '대체 뭔 지랄로, 어쩌다가 내가 눈이 뒤집혀 시를 쓰겠다고 나섰던가' 라는 자탄에 빠져 살았다. 고유명사가 되어버린 〈80년대〉에 청춘기를 보낸 탓에 내 입맛은 내가 생각하기에도 무지막지하게 짠 것 같다. 그 시절, 이글거리던 태양을 통째로 꿀꺽 집어삼키곤 했던 나의 업보業報다.

그 업보로 인해 웬만한 시들은 도대체가 입맛에 맞질 않는다. 집으로 우송되어온 시집들이나 문예지, 일부러 서점에 들러 새로 나온 시들을 읽어봐도 심심하기는 매한가지다. 그 싱거움이 도를 넘어 느끼하고 역겹기까지 하다.

그런데 양현구 시인의 시를 읽으면서 나는 모처럼 입맛을 되찾는다. 그의 시 속에는 우리 조상들의 피와 뼛조각이 듬성듬성 박혀 있고, 조선마늘과 조선장으로 적절하게 간이 되어 있어 말 그대로 맵고 짭짤하기가 아주 그만이다. 맹물을 한 대야 들이켜야 하는 불상사가 생겨날지라도 맵고 짜디짠 그의 시를 읽을 수 있게 된 것이 기쁘고 마냥 즐겁다.

양현구 시인이 앞으로도 매운 맛을 잃지 않으면서 한층 더 깊고 폭넓은 시 세계를 구축해나가기를 진심으로 고대한다.

개굴이네 집

글쓴이 / 양현구
펴낸이 / 孫貞順
펴낸곳 / 모아드림

1판 1쇄 / 2007년 6월 26일

서울 서대문구 북아현3동 1-1278
전화 / 365-8111~2
팩시밀리 / 365-8110
E-mail / morebook@morebook.co.kr
http://www.morebook.co.kr
등록번호 / 제2-2264호(1996.10.24)

ISBN 978-89-5664-106-5 (03810)

값 6,000원